這本書是屬於

此書獻給我的母親，
南西・嘉莉森・理查森，
以及所有與她共度的溫暖回憶。
我永遠敬佩她的堅強與勇敢，
她鼓勵的話語至今仍賦予我能量。

中小學生
正向成長型思維
129道 自我對話練習

Learn, Grow, Succeed!: A Kids Growth Mindset Journal

作者／布蘭迪‧湯普森 Brandy Thompson

繪者／艾麗莎‧娜絲納 Alyssa Nassner

譯者／蕭郁祺

歡迎使用這本書！

你相信嗎？其實你已經擁有了所有創造成功人生的必要條件！

　　你的身上充滿了去學習、成長以及成功的能量。這本書能夠透過一種稱為**成長型思維**的方式，幫助你去發掘這個能力。

　　而一切就從你的大腦開始。

　　你知道你的大腦，能夠像你身上的肌肉一樣茁壯並改變嗎？

　　這可是個好消息！這表示你可以決定自己能有多成功，並可以選擇你想要的未來。只要擁有正確的心態，你就能夠成就大事。雖然有時候無用的煩惱可能會阻饒你，但這本書能夠幫助你擺脫這些煩惱。你會學到如何改變你的想法並且變得更有自信、更勇敢、更快樂。不管你是誰、從哪裡來，所有邁向成功所需的條件都在你自己身上，就等你來發掘它！

什麼是成長型思維？

　　成長型思維是一種相信想法會「成長」的信念。努力是讓人能夠變得強壯、更迅速、更優秀的重要關鍵。與成長型思維相反的是定型思維，也就是相信每個人一生下來就是特定的模樣，並且沒有辦法再改變。

　　以下是定型思維與成長型思維有所不同的例子：

定型思維：「我不是運動的料。」
成長型思維：「如果我努力練習，運動能力一定會進步。」
定型思維：「這件事我做不到。」
成長型思維：「如果我持續嘗試新方法，我一定可以完成艱難的任務。」

　　你在使用這本書時，要先牢記以下八種基本的成長型思維信念：

1. 盡心與努力是邁向成功的關鍵，而非只有天分。
2. 錯誤與失敗能夠幫助你學習。
3. 無用的想法只會局限你。
4. 你可以創造正面的想法。
5. 挫折是成長中再正常不過的一環。
6. 比較心態只會阻礙你的發展。
7. 回饋與批評對改變來說是很重要的。
8. 改變是件好事。

　　習慣使用成長型思維能夠帶給你很多好處。擁有成長型思維能夠讓你：

- 相信自己與自己的能力。
- 為你的努力，而不是只有你的成績感到驕傲。
- 不再為犯錯或失敗而煩惱。
- 勇敢嘗試新事物。
- 用正面的想法代替無用的負面想法。
- 愛上新的挑戰。
- 能接受改變。
- 不再讓自傲與過去的情緒阻礙你。
- 不再拿自己跟他人比較。
- 成為一個**最棒的自己**。

如何使用這本書

你可以隨心所欲運用這本書，從任何一頁開始，自行決定多久使用一次，並沒有正確或是錯誤的使用方式。只要隨意翻開一頁，然後遵照指示去做即可。盡情享受創作的樂趣，還可以添加你自己的塗鴉、圖畫以及想法！

在開始之前，考慮一下這些對你有幫助的小提示：

• 創造一個舒適的寫作環境。找一個讓你可以放鬆、任想像力奔馳的地方。或許你在窗邊有個喜愛的位子，或是找張舒適的椅子。放個音樂放鬆，還可以抱個絨毛娃娃或是紓壓的玩具。

• 不要批評自己或是批評任何寫在書裡的內容。寫下你的第一個想法，不用擔心答案是否完美。沒有人會為你寫的內容打分數，所以盡情去揮灑、做你自己。

• 把書放在固定的地方，這樣你需要的時候會更容易找到它。幫它找一個顯眼的家，如此一來就能夠每天提醒自己要去使用它。

- 當你閱讀出現在書各處的引文時，花一點時間去思考它的涵義。有些引文你可能無法在第一次閱讀時就能夠理解，所以有時你需要多次閱讀，來理解作者真正想傳達給你的意思。盡可能找出作者在引文中給予的教誨或是建議。

　　這本書會給你一些刺激思考的提示或引文。當你完成時，請閱讀本書最後的「未完待續」章節，反思學會成長型思維後，你最喜歡哪個方式。我希望你可以長久保存這本書，且在你需要被提醒如何學習、成長及邁向成功的時候，持續使用這本書。

　　我很高興你選擇展開這趟旅程！我為你感到相當開心，因為擁有新的思考模式，能讓你發掘更崇高的自尊、減少一點的煩惱以及擁有更優異的成就。

犯錯乃成功之母

　　每個人都會犯錯，不管是名人、你的老師，甚至總統都有可能犯錯。當然，你也會，這是再正常不過的了。你可以選擇如何面對錯誤，你可能會感到生氣，或是從錯誤中學習。以下是定型思維與成長型思維有所不同的例子：

　　若你因為不夠細心，而弄丟了回家作業，你可以從中學習到什麼？

　　為了確保不會發生同樣的事情，你可以改變什麼？

　　對於犯錯的人，你可以對他說什麼？

描述一個你對自己引以為傲的時刻。你有什麼感覺呢？

換個會令你感到驕傲的事物，能夠幫助你面對犯錯。比起成績，你更應該為了得到好成績所做的努力而驕傲。列出三個你為取得成果而費盡心力的時刻。

或許在犯錯時責怪他人容易許多，但是（對於你和他人）更好的方式是承認錯誤。寫下一次你勇於承認犯錯的時刻，你有什麼感覺？

　　當別人犯錯時，你會有什麼反應呢？你會用你希望別人對待你的方式去對待他們嗎？

若我們能從錯誤中學到教訓，那它就是一個禮物。在下列三個禮物盒中寫下你所犯過的錯，在每個禮物盒下面分別寫下你從中學習到的教誨。

將「我做錯了」的想法改變成「我學到了教訓」，現在就試試看吧！

我學到了教訓……

運用正向自我對話

你對自己說話時使用的詞彙十分重要。你會相信你所想的事，所以要確定你的想法是好的想法。在你描寫這些字句時，請大聲且重複對自己念出這些正向的字句。

我很堅強。

我會從錯誤中學習。

我對自己的成就引以為傲。

再列出三句想對自己說的正向字句。

_____

_____

_____

列出三項你很擅長的事。

_____

_____

_____

讓自己保持快樂的想法。你有哪些喜歡的事物呢？

電影：＿＿＿＿＿＿＿＿＿＿＿＿＿＿＿＿＿＿＿＿＿＿＿＿＿

書籍：＿＿＿＿＿＿＿＿＿＿＿＿＿＿＿＿＿＿＿＿＿＿＿＿＿

歌曲：＿＿＿＿＿＿＿＿＿＿＿＿＿＿＿＿＿＿＿＿＿＿＿＿＿

遊戲：＿＿＿＿＿＿＿＿＿＿＿＿＿＿＿＿＿＿＿＿＿＿＿＿＿

回憶：＿＿＿＿＿＿＿＿＿＿＿＿＿＿＿＿＿＿＿＿＿＿＿＿＿

笑話：＿＿＿＿＿＿＿＿＿＿＿＿＿＿＿＿＿＿＿＿＿＿＿＿＿

現在，試著完成這些句子：

我很感謝＿＿＿＿＿＿＿＿＿＿＿＿＿＿＿＿＿＿＿＿＿＿＿＿

＿＿＿＿＿＿＿＿＿＿＿＿＿＿＿＿＿＿＿＿＿＿＿＿＿＿＿。

說什麼我都不願放棄的是＿＿＿＿＿＿＿＿＿＿＿＿＿＿＿＿＿

＿＿＿＿＿＿＿＿＿＿＿＿＿＿＿＿＿＿＿＿＿＿＿＿＿＿＿。

我很喜歡＿＿＿＿＿＿＿＿＿＿＿＿＿＿＿＿＿＿＿＿＿＿＿＿

＿＿＿＿＿＿＿＿＿＿＿＿＿＿＿＿＿＿＿＿＿＿＿的時候。

「面對光明，
　陰影就在
　我們身後。」

——海倫·凱勒，美國政治運動家

若你抱持許多正向的想法，那你的腦袋就沒有太多空間裝載負面思考。

假設明天你起床後，你會有神奇力量去做任何你想做的事！描述你心目中完美的一天，請盡情發揮你的想像力！

_____

_____

_____

_____

_____

_____

_____

_____

_____

_____

_____

_____

_____

_____

_____

　　你最近對於自己有什麼想法？（好或壞都可以）若是負面的想法，那就將它寫在蜘蛛網上餵食蜘蛛。如果是正面的想法，就把它寫在花朵上。

　　現在，在不用蜘蛛網的情況下再試一次。這次，忽略你的負面想法，並寫下三個關於自己最棒的想法。試著在你每次想到自己的時候都這麼做，多次練習可以讓忽略負面想法這件事變得更簡單。

_____

_____

_____

學習愛上意見回饋

若有人指出你的缺點或錯誤,你會有什麼感覺?

_____

_____

_____

_____

_____

_____

想像以下情境:有人認為你把一切搞砸了,你有什麼感覺?
為什麼你會有這樣的感覺?

_____

_____

_____

_____

_____

_____

_____

獲得意見回饋對你來說是有幫助的，但並非所有的回饋都有用。你必須分辨你得到的回饋是否能夠幫助你改正錯誤。現在就來試試看。

　　你犯過什麼錯誤？

_____

_____

_____

_____

　　你得到到什麼樣的回饋？這個回饋對你有幫助嗎？

_____

_____

_____

　　你能夠利用這個回饋來改正錯誤嗎？該如何利用呢？

_____

_____

_____

_____

當有人指出你搞砸一切時，會生氣是正常的。但是請記得，所有人都會犯錯，所以你不必太難過。要練習和善的對待指正你缺點的人。

　　有什麼善意的話，能夠對指正你錯誤的人說？

_____

_____

_____

_____

_____

_____

　　完成以下的句子：

　　當別人說我搞砸事情的時候，我不需要生氣，因為_____

_____

_____

_____

_____ 。

若想要從意見回饋中學習，抱持謙虛的心態是很重要的。（這也是一個有助於結交更多的朋友的方法。大家都喜歡謙虛、快樂的人。）

你要如何成為謙虛的人呢？

- 切勿自吹自擂，或者一直在說自己的事。
- 讓其他人也有說話的機會。
- 承認錯誤。
- 別把功勞通通往自己身上攬。
- 也要為其他人感到開心。
- 學會自嘲。

你記得你有曾經因為不夠謙虛，而沒有好好接受意見指教的時刻嗎？現在的你會如何對待他人的回饋呢？

專注於你可以掌控的事情

不要浪費時間煩惱你無法控制的事情,專注於你可以掌控的事。在大雲朵上寫下你無法掌控的事,在小雲朵上寫下你可以控制的事。請在每朵雲上至少寫下三件事情。

寫下你能掌握自己想法、行為和話語的例子。

_____

_____

「不要讓那些
你做不到的事,
去妨礙
你能做的事。」

──約翰‧伍登‧前洛杉磯加利福尼亞大學
籃球教練

打包一個裝滿煩惱的行李箱。

在這個行李箱裡，寫下三件今天或是這週你無法控制而讓你煩惱的事。

想像你關上行李箱，並將這些煩惱置之腦後。

你可以如何控制以下的情況？

當我的手足大吼大叫時，我可以＿＿＿＿＿＿＿＿＿＿＿＿＿＿

＿＿＿＿＿＿＿＿＿＿＿＿＿＿＿＿＿＿＿＿＿＿＿＿＿＿＿＿＿＿

＿＿＿＿＿＿＿＿＿＿＿＿＿＿＿＿＿＿＿＿＿＿＿＿＿＿＿。

當有人對我不好時，我可以＿＿＿＿＿＿＿＿＿＿＿＿＿＿＿＿＿

＿＿＿＿＿＿＿＿＿＿＿＿＿＿＿＿＿＿＿＿＿＿＿＿＿＿＿。

你在擔憂時，可以試試一個或多個下列清單上的辦法。一旦克服了你的煩惱，你就可以專注於你可以掌握的事情上了。

- ❒ 閉上眼睛，數到20。
- ❒ 去運動或是到戶外走走。
- ❒ 用力擠壓減壓球，然後慢慢放開它。
- ❒ 拼拼圖或是解迷宮。
- ❒ 畫圖、寫作或是做手工藝。
- ❒ 與寵物相處。

再列出三樣你喜歡做的事。

_____

_____

_____

列出三個你有煩惱時可以談心的對象。

_____

_____

_____

你的責任就是好好當個孩子！大事就交給大人去操心。孩子應該要煩惱什麼呢？學校功課、穿著以及如何交朋友，這些都是你可以控制的事情。

寫下孩子該煩惱的事：

你可以怎麼擺脫這個煩惱呢？

別讓挫折感打敗你

　　面對挑戰可以使你成長和改變，但它也可能會令你感到挫折。學習如何處理挫折感，能夠幫助你邁向成功。

　　當你感到挫折時，你的身體會有什麼反應？

　　當你遇到挫折時，你會如何使自己冷靜下來？

「所有成功的人
都知道，成功是
挫折的另一面向。」

——東尼‧羅賓斯，人生教練

這些是當你遇到挫折時，可以對自己說的話：

- 每個人都會遇到挫折。
- 這是很正常的事。
- 挫折使你學習與成長。
- 挫折感會過去的。

過去的你都如何面對挫折？

_____

_____

_____

下一次遇到挫折時，你可以對自己說什麼話？

_____

_____

_____

對於感到挫折的朋友，你會對他說什麼？

_____

_____

_____

這些是你遇到挫折時可以做的事：

- 休息一下。
- 睡一覺。
- 重新開始。
- 形容看看你的心情。
- 尋找新的解決方法。
- 尋求幫助。

你最喜歡的放鬆、休息方式是什麼呢？

_____

_____

_____

_____

_____

列出三個在你感到挫折時，能夠幫助你的人。

_____

_____

_____

集中精神，專注於你的目標！牢記你的目標，能夠幫助你克服挫折。

挑戰練習：你要向你班上的同學介紹一本你還沒看過的書。

其他幫助我
準備的事

一件我能準備的事

當演講結束時，你有什麼感想？

設定目標讓你更有責任心

　　若你不事先設定你想抵達的目的地，最終你只會到達你不想去的地方。

　　當你長大以後，有什麼是你希望可以做到的重要事情？

_____

_____

_____

　　你可以為自己設定什麼目標來達成這個願望？

_____

_____

_____

　　為長大後達成目標的自己畫一張自畫像。

「缺乏計畫的目標，
只能叫做願望。」

——安東尼・聖艾修伯里，法國作家

長期目標是從現在起，你至少要花上一年以上的時間來做或達成的。

　　明年，你想要達成什麼目標？

　　五年後，你想要達成什麼目標？

　　十年後，你想要達成什麼目標？

短期目標是你在短時間內想達成的事，這些短期目標能夠幫助你完成長期目標。

　　列出你想要達成的長期目標之一。

_____

　　列出三個能夠幫助你達成長期目標的短期目標。

　　下週：

_____

_____

_____

　　下個月：

_____

_____

_____

　　明年：

_____

_____

_____

別讓困境阻擋你達成目標。金錢或是時間不夠都可能讓阻礙你達成目標，或是讓你減緩達成目標的速度。若你碰到了困難，那你就要找個方法克服它。

寫下過去你遇過，但並未阻礙你前進的困難。

誰幫助你突破困境？

放膽去想

你絕對可以對你的能力懷有自信，因為你的大腦會因為學習而「成長」。就像是訓練肌肉一樣，你也可以訓練你的腦袋。

列出之前你覺得困難，但現在卻覺得簡單的事情。

_____

_____

_____

畫一張你嘗試新事物的自畫像。

現在寫出你在多次練習後，再次嘗試做這件事時的感受。

_____

_____

「態度是件小事，
卻會帶來
大不同的結果。」

——溫斯頓・邱吉爾，英國首相

你對自己大腦能力的態度能夠幫助你成功，所以別浪費時間去懷疑自己。帶著自信前進吧！

　　回想一下，你覺得自己做不到，但後來你卻辦到了的場景。你認為你做不到的時都在想些什麼？

_____

_____

_____

_____

　　以前你用的正向態度有用嗎？如果有用的話，它是怎麼發揮作用的？如果沒用的話，你會怎麼告訴現在的自己，你知道正向的心態能夠幫助你成功呢？

_____

_____

_____

_____

_____

_____

_____

你的大腦是有彈性的，有空間讓你這一生都能不斷學習成長，沒有極限，所以放膽去想吧！

如果你有無限的時間去練習，你想要學習什麼？

_____

_____

_____

當有事情看似很難做到或是很嚇人，其實最難的部份就是開始去做。為了學習這個能力，你第一個步驟可以是什麼呢？

_____

_____

_____

_____

還有哪些步驟是你可以做的？

_____

_____

_____

_____

想像你已長大成人，並正在撰寫自傳。過去的你有了了不起的成就，是因為你勇於思考，放膽追夢。

你會為這本書取什麼名字？

_____

請完成這本自傳的第一頁。

_____

_____

_____

_____

_____

_____

_____

_____

_____

_____

_____

心懷感恩

感恩或是心懷謝意，可以激發你的正向態度，而這會是你在學習成長型思維時所需要的。在一天結束時，花一分鐘的時間來檢視讓你的生活過得更好的人事物。

我感謝現在在我眼前的
這三個東西（或三個人）。

當我閉上眼睛，
我對於這三件事心懷感謝。

當我未來擁這三樣
我希望得到的事物，
我會感恩不盡。

地球給了我們許多禮物，像是食物、水、動物。有哪些事物是你想感謝地球的呢？

_____

_____

_____

_____

_____

　　有時候，你可以透過幫助別人或給予事物來表達你的感謝。你可以透過幫植物澆水和做資源回收來幫助地球。還有什麼事情是你可以幫助地球的呢？

_____

_____

_____

_____

_____

44

想想那些讓你的生活更美好的人們。他們可以是家人、朋友或是任何你認識的人。

我感謝的人是_____。

　　這是跟他們在一起我最喜歡的回憶之一：_____

_____

_____

　　我可以透過這樣的方式對他們說出或表達我的感謝：_____

_____

_____

我還感謝的人是_____。

　　這是跟他們在一起我最喜歡的回憶之一：_____

_____

_____

　　我可以透過這樣的方式，對他們說出或表達我的感謝：_____

_____

_____

幾乎所有事情你都可以心懷感謝。完成下面的感恩尋寶遊戲，你可能需要去尋找一些史實資料。

　　我很感謝：

在歷史上一個讓現代生活更美好的時刻：＿＿＿＿＿＿＿＿

＿＿＿＿＿＿＿＿＿＿＿＿＿＿＿＿＿＿＿＿＿＿＿＿＿＿

＿＿＿＿＿＿＿＿＿＿＿＿＿＿＿＿＿＿＿＿＿＿＿＿＿＿

一個讓生活更便利的發明：＿＿＿＿＿＿＿＿＿＿＿＿＿＿

＿＿＿＿＿＿＿＿＿＿＿＿＿＿＿＿＿＿＿＿＿＿＿＿＿＿

＿＿＿＿＿＿＿＿＿＿＿＿＿＿＿＿＿＿＿＿＿＿＿＿＿＿

一條使我人身安全得到保障的法律：＿＿＿＿＿＿＿＿＿＿

＿＿＿＿＿＿＿＿＿＿＿＿＿＿＿＿＿＿＿＿＿＿＿＿＿＿

＿＿＿＿＿＿＿＿＿＿＿＿＿＿＿＿＿＿＿＿＿＿＿＿＿＿

一群保護我的安全的人們：＿＿＿＿＿＿＿＿＿＿＿＿＿＿

＿＿＿＿＿＿＿＿＿＿＿＿＿＿＿＿＿＿＿＿＿＿＿＿＿＿

＿＿＿＿＿＿＿＿＿＿＿＿＿＿＿＿＿＿＿＿＿＿＿＿＿＿

別讓你的想法受限

你的大腦很奇特的擁有自動思考的能力。保持對你有幫助的思考模式，忽略讓你懷疑自己的負面想法。

有幫助的：「我可以做到，而且我會盡我最大的努力。」
沒有幫助的：「我不擅長考試，我覺得這太難了。」

別對你自己說一些，你絕不會對你的好朋友說的話。大考來臨前，你會對朋友說什麼？

_____

_____

_____

畫一張你在考試前感覺很樂觀的自畫像。

將你的焦點從達到完美改為進步。

當你嘗試著追求完美時，你只會將自己推向失敗。

不要想著「我每一科都要考100分。」而是想著「我想要這次成績比起上次更進步。」

現在就試試看吧！

不要想著「我的字跡一定要很完美。」而是想著「＿＿＿＿＿

＿＿＿＿＿＿＿＿＿＿＿＿＿＿＿＿＿＿＿＿＿＿＿＿＿＿＿＿」。

不要想著「我的美術作品一定要很完美。」而是想著「＿＿＿

＿＿＿＿＿＿＿＿＿＿＿＿＿＿＿＿＿＿＿＿＿＿＿＿＿＿＿＿」。

抄寫這個句子三次：「我對努力的過程感到驕傲，而非完美的結果。」

_____

_____

_____

_____

_____

「不要擔心失敗，
而該擔心那些
你不去嘗試
而錯失的機會。」

——傑克・坎菲爾，美國作家

另一個想法陷阱是，相信自己能透過分析他人的行為，就自以為了解別人的想法。但當你去猜測時，你往往會猜錯。如果你發現你正試著去猜測你朋友的想法時，停止這個行為，然後直接詢問他們的想法。

寫下一個你猜錯他人想法的經驗。

_____

_____

_____

是什麼讓你相信，你能夠猜出別人的想法？

_____

_____

_____

當你下次又開始猜測別人行為的意圖時，你能夠怎麼做？

_____

_____

_____

不要糾結於某些事物。有時候你會不會想著「我當時要是那樣做就好了」或是「為什麼我要那樣做？」若你被煩惱困住，那只是在浪費你的時間。

什麼事讓你有太多煩惱？

坐下來冷靜思考，能夠改變什麼嗎？

與其花時間煩惱，有什麼是你可以做的？

比較與比賽

　　每個人都是獨一無二的。總會有些時候，你比你的朋友更擅長做某件事。當然也有些時候，別人做起某些事來，就是會比你輕鬆許多。

　　列出三件對你來說簡單的事。

_____

_____

_____

　　什麼事對你的朋友來說很簡單，對你來說比較困難呢？

_____

_____

_____

　　想想看，為什麼這件事是可以被接受的呢？

_____

_____

_____

「當比賽結束時，
我只想看看鏡中的
自己，無論輸贏，
我知道自己
已傾注一切努力。」

——喬伊・孟塔納，前足球選手

拿自己與別人做比較並沒有什麼幫助，你應該只跟自己比較，並在你身上找到進步的方向。

　　列出三項你在人生中已經改進的地方。

　　列出三項你想要再改進的地方。

　　對於想跟你比較考試成績的人，你可以跟他說什麼？

成為一個最棒的自己。比賽可以充滿樂趣,而比賽也確實應該是如此。當你沒有贏得比賽時,不需要太難過。沒有人跟你是一模一樣的,所以拿自己跟別人比較,永遠是場不公平的較勁。

你有什麼獨一無二的地方呢?

_____

_____

_____

_____

你能夠享受哪些比賽?

_____

_____

_____

_____

為什麼你喜歡這些比賽呢?

_____

_____

_____

_____

現在你要進行一場新的比賽。在這場比賽中，你的對手是你自己，不是其他人。或許你能夠因為有更好的心態而獲得獎盃！

哪些獎項是你希望獲得的？請寫在以下的獎盃或獎牌上。

寫下獲得其中一項獎項的獲獎感言。

獎項：＿＿＿＿＿＿＿＿＿＿＿＿＿＿＿＿＿＿＿＿＿＿＿＿＿

感言：＿＿＿＿＿＿＿＿＿＿＿＿＿＿＿＿＿＿＿＿＿＿＿＿＿

＿＿＿＿＿＿＿＿＿＿＿＿＿＿＿＿＿＿＿＿＿＿＿＿＿＿＿＿＿

＿＿＿＿＿＿＿＿＿＿＿＿＿＿＿＿＿＿＿＿＿＿＿＿＿＿＿＿＿

＿＿＿＿＿＿＿＿＿＿＿＿＿＿＿＿＿＿＿＿＿＿＿＿＿＿＿＿＿

永不放棄

恆毅力指的是擁有很棒的態度，就算是艱難的任務也願意多次嘗試。

請看以下恆毅力（GRIT）這個字的組成：

G: 好的態度（Good attitude）
R: 即使失敗也準備好嘗試新事物（Ready to try new things when I fail）
I: 我不會放棄（I won't quit）
T: 相信自己的能力（Trust myself to do it）

完成以下的句子：

我曾經有好的態度，在_____

_____的時候。

我曾經嘗試過新的事物，在_____

_____的時候。

在_____

_____的時候，我曾經想放棄，但我沒有。

我相信我自己，因為_____

_____。

再看一次恆毅力這個字的組成，當你發生以下這些狀況時，你要如何「堅持到底」？

當你遺失了一塊拼圖。

當你做錯了一道數學題。

當你讀到一本很艱深的書。

「只要你擁有
足夠的聰明，
就沒有
不可能的事。」

——沃爾特‧迪士尼

擁有恆毅力的必要條件是相信，你要相信**你自己**。

你相信自己也能夠完成困難的任務嗎？為什麼？或為什麼不相信？

寫下一個你認為你無法做到，但最後卻完成的時刻。

你當時有什麼感覺？

放棄是很容易的。能夠重新站起來，並且再次嘗試卻是困難的。你有持續去嘗試的恆毅力嗎？

當

的時候，我沒有放棄。

當我想要放棄的時候，我可以

。

挑 戰 自 己

　　挑戰是需要花費許多努力及恆毅力去完成的新事物。有些挑戰會自己找上門，然而你也可以為自己創造挑戰，成為一個最棒的自己。

　　這週你可以為自己設定怎樣的挑戰，來成為一個更好的人？

_____

_____

_____

　　為了這個挑戰，你會需要準備什麼呢？

_____

_____

_____

　　當挑戰變得困難時，你可以對自己說什麼？

_____

_____

_____

試試挑戰建立健康習慣吧！想想看你的飲食習慣、你的作息，以及你如何對待自己的身體。

　　列出一至兩個你可以改進的習慣。

_____

_____

　　創造一個能夠幫助你改進這些習慣的挑戰。它要符合現實，但必須確保不會太過簡單。你的挑戰是什麼呢？你什麼時候能夠完成呢？

挑戰：_____

_____

_____

_____

_____

_____

_____

完成日期：_____

試試看做校園挑戰吧！想想你的學校課業、做事習慣，以及能夠改善它們的方法。

列出幾項你可以改進的地方。

_____

_____

_____

創造一個能夠幫助你改進這些習慣的挑戰。你的挑戰是什麼呢？你什麼時候能夠完成呢？

挑戰：_____

_____

_____

_____

_____

_____

_____

完成日期：_____

試試看朋友挑戰！能有個人協助你，會讓你的挑戰更成功且樂趣無窮。每天都要向你的朋友報告你的進度。

朋友的名字：_____

你的挑戰是什麼？_____

第一天，我們要_____
_____。

第二天，我們要_____
_____。

第三天，我們要_____
_____。

　　從這個朋友挑戰中你學到了什麼？

_____

_____

_____

_____

挑戰帶來好的改變

更大的挑戰能夠帶來更大的改變。學習愛上更大的挑戰，能夠幫助你更快速的成長茁壯。

有什麼大挑戰，是你可以現在立即開始的？

_____

_____

這個挑戰如何幫助你成長？

_____

_____

你至今面對過最大的挑戰是什麼？

_____

_____

從這個挑戰中你學到了什麼？

_____

_____

「越崎嶇的道路
帶領你達到
更偉大的成就。」

──克莉絲汀・阿奎萊拉，流行歌手

要完成大挑戰的唯一方法，就是一步一腳印。比如說，你被要求要整理整棟房子，那你可以從其中一個房間開始，再來整理下一間房間，以此類推。

看看下列的階梯，在每一格階梯上寫下一個較小的行動，以便帶領你完成牆上列出的挑戰。

整理你的
書包

改變你對挑戰的看法。創造一個積極正向的方法去重建定型心態。這裡有個例子：

定型

我必須要解
10個困難的
數學題。

成長型

我正在學習
許多數學
解題技巧。

現在換你來寫！

定型

教練讓我們
做太多的
訓練了。

成長型

定型

我的老師
要求我們
整理書桌。

成長型

定型

這個週末
我必須讀完
一整本書。

成長型

現在你知道該如何正向面對你的挑戰了，你可以幫助其他人重新打造他們的挑戰。寫下當別人遇到這種情況時，你可以告訴他們的正向話語。

有個學妹很生氣，因為她不知道如何完成拼圖。

_____

_____

_____

表妹正在大哭，因為她必須要整理亂七八糟的廚房。

_____

_____

_____

有個同學十分煩惱老師指派的新作業。

_____

_____

_____

你的優秀不需要
其他人的認同

　　不管你多努力，都不可能讓所有人都喜歡你。當你太過在意別人的想法時，你會忘記什麼對你來說才是最重要的。

　　在你的生命中，什麼事情是最重要的？

_____

_____

_____

_____

_____

　　這些事情比起別人對你的看法來的重要嗎？為什麼？或是為什麼不？

_____

_____

_____

_____

_____

理解自己的優點就像是得到了一面盾牌，保護你不被別人的惡言所攻擊。

　　在盾牌上列出你的優點，然後再盾牌下的補充你的優點。

　　我知道我很棒，因為＿＿＿＿＿＿＿＿＿＿＿＿＿＿＿＿＿＿＿

＿＿＿＿＿＿＿＿＿＿＿＿＿＿＿＿＿＿＿＿＿＿＿＿＿＿＿＿＿＿＿＿

＿＿＿＿＿＿＿＿＿＿＿＿＿＿＿＿＿＿＿＿＿＿＿＿＿＿＿＿。

　　我是＿＿＿＿＿＿＿＿＿＿＿＿＿＿＿＿＿＿＿＿＿＿＿＿＿＿＿

＿＿＿＿＿＿＿＿＿＿＿＿＿＿＿＿＿＿＿＿＿＿＿＿＿＿＿＿＿，

沒有人能夠將這個從我身上奪走。

有時候人會做自己不想做的事，只為了討別人的歡心。寫下一次你曾做了不想做的事的經驗以及為什麼你做了（不包含做家事和做作業！）。

_____

_____

_____

_____

為什麼有時候很難拒絕別人？

_____

_____

_____

當別人拒絕你時，你有什麼感覺？

_____

_____

_____

不要想著「這會讓我看起來如何」，而是「這能如何幫助我成長？」。

你花多少時間來思考，別人如何看待你的呢？

_____

_____

為什麼你會在意他們怎麼想？

_____

_____

他們的意見會讓你成長，或是能夠改變你是誰嗎？

_____

_____

_____

你可以對好像不喜歡你的人說什麼？

_____

_____

_____

擺脫恐懼

恐懼常會阻礙成功，請試著去挑戰一項恐懼。很多時候，當你去面對恐懼時，它就不再是什麼大事。

我再也不害怕＿＿＿＿＿＿＿＿＿＿＿＿＿＿＿＿＿＿

＿＿＿＿＿＿＿＿＿＿＿＿＿＿＿＿＿＿＿＿＿了。

列出三個你再也不怕它的原因。

＿＿＿＿＿＿＿＿＿＿＿＿＿＿＿＿＿＿＿＿＿＿＿＿

＿＿＿＿＿＿＿＿＿＿＿＿＿＿＿＿＿＿＿＿＿＿＿＿

＿＿＿＿＿＿＿＿＿＿＿＿＿＿＿＿＿＿＿＿＿＿＿＿

畫出你擺脫恐懼的樣子。

「勇敢不代表
一點也不懼怕，
而是即使害怕也會
找到辦法克服。」

——貝爾‧吉羅斯‧荒野求生教練

你比想像中還要勇敢。

列出三個你必須要勇敢的時刻。（比如說，你是否曾經摔斷骨頭而打上石膏、在黑暗中睡覺，或是上台唱歌？）

_____

_____

_____

誰幫助你度過那些時刻？

_____

_____

_____

你告訴自己什麼，或是做了什麼讓自己感覺舒服一點？

_____

_____

_____

_____

假如你是個無所畏懼的人，請完成以下的句子：

如果我知道我不會失敗，我會＿＿＿＿＿＿＿＿＿＿

＿＿＿＿＿＿＿＿＿＿＿＿＿＿＿＿＿＿＿＿＿＿＿

＿＿＿＿＿＿＿＿＿＿＿＿＿＿＿＿＿＿＿＿＿＿＿

＿＿＿＿＿＿＿＿＿＿＿＿＿＿＿＿＿＿＿＿＿＿＿

＿＿＿＿＿＿＿＿＿＿＿＿＿＿＿＿＿＿＿＿。

如果我相信自己能做任何事，我會＿＿＿＿＿＿＿

＿＿＿＿＿＿＿＿＿＿＿＿＿＿＿＿＿＿＿＿＿＿＿

＿＿＿＿＿＿＿＿＿＿＿＿＿＿＿＿＿＿＿＿＿＿＿

＿＿＿＿＿＿＿＿＿＿＿＿＿＿＿＿＿＿＿＿＿＿＿

＿＿＿＿＿＿＿＿＿＿＿＿＿＿＿＿＿＿＿＿。

如果我能夠去除一種恐懼，那會是對＿＿＿＿＿＿

＿＿＿＿＿＿＿＿＿＿＿＿＿＿＿＿＿＿＿＿＿＿＿

＿＿＿＿＿＿＿＿＿＿＿＿＿＿＿＿＿＿＿＿＿＿＿

＿＿＿＿＿＿＿＿＿＿＿＿＿＿＿＿＿＿＿＿＿＿＿

＿＿＿＿＿＿＿＿＿＿＿＿＿＿＿＿＿＿＿＿＿＿＿

＿＿＿＿＿＿＿＿＿＿＿＿＿＿＿＿＿＿的恐懼。

拔除恐懼插頭。你可以用以下的方法擺脫恐懼：

- 了解相關的事實知識。
- 試著一步步克服恐懼，而非一次完全克服它。

比如說你害怕游泳，你可以：

- 學習有關游泳的知識。
- 第一次先靠近水邊，第二次再下水試試。

寫出一項你害怕的事物。 _____

_____

列出三項關於它的知識。

_____

_____

_____

寫下兩個完全克服恐懼前可以做的小撇步。

_____

_____

最棒的事情現在才要開始

　　一個字就能改變一切。在你的語句中增加「還」這個字,來表現你的成長型思維。

　　與其說「我不會游泳」,不如說「我**還**不會游泳。如果我一週練習三次,我就可以學會。」

　　這展現了你有想要去做這件事的決心。

　　我還不會_____。

但我_____,我就能學會。

　　我還不會_____。

但我_____,我就能學會。

　　我還不會_____。

但我_____,我就能學會。

　　我還不會_____。

但我_____,我就能學會。

　　我還不會_____。

但我_____,我就能學會。

你能夠做到許多事，同樣的，有很多事你還無法做到。你總是在成長，並且會越來越好。想想你的過去。在下面的空格中寫下你在不同的年紀能做及不會做的事。

嬰兒時期

　　　我會：＿＿＿＿＿＿＿＿＿＿＿＿＿＿＿＿＿＿＿＿＿＿

　　　我還不會：＿＿＿＿＿＿＿＿＿＿＿＿＿＿＿＿＿＿＿＿

五歲時

　　　我會：＿＿＿＿＿＿＿＿＿＿＿＿＿＿＿＿＿＿＿＿＿＿

　　　我還不會：＿＿＿＿＿＿＿＿＿＿＿＿＿＿＿＿＿＿＿＿

現在

　　　我會：＿＿＿＿＿＿＿＿＿＿＿＿＿＿＿＿＿＿＿＿＿＿

　　　我還不會：＿＿＿＿＿＿＿＿＿＿＿＿＿＿＿＿＿＿＿＿

寫下三件你很擅長的事。

_____

_____

_____

寫下一份你現在還無法做到，但希望總有一天你能夠做到的
清單。

_____

_____

_____

_____

列出一些你需要練習的事，以達成你列出的目標。

_____

_____

_____

_____

　　在第一個方框裡，畫出某人正嘗試做一個很艱難的任務。

　　在第二個方框裡，寫下或畫下他們要學會某個技能時，必須要做的事。

　　在第三個方框裡，畫下他們技術純熟的樣子。

「不是因為
我很聰明，而是因為
我在問題上奮鬥的
時間比較久。」

——阿爾伯特‧愛因斯坦，德國物理學家

是什麼力量讓你前進？

　　成長型思維讓你因為成長而更有動力，動力是你去行動的理由。你展開行動有三個主要的理由：

- 為了從中得到快樂（你很開心能夠學習或成長，並且樂在其中）。
- 為了得到獎勵（你想要獲得更好的成績）。
- 為了避免被懲罰（你不想要被大吼或是被禁足）。

永遠把成長當作你的動機。

寫下一個你為了享受快樂而行動的時刻。

_____

_____

_____

_____

　　你當下的感覺是什麼？

_____

_____

_____

動機也可源於其他因素。

寫下一個你為了不要惹上麻煩而行動的時刻。

_____

_____

_____

_____

寫下一個你為了得到獎勵（像是玩具或是金錢）而行動的時刻。

_____

_____

_____

_____

如果你當時沒有得到獎勵的話，你覺得你會持續做這件事嗎？為什麼？或為什麼不？

_____

_____

_____

_____

動機也可以來自你自己身上。

列出三項你為了享受其中的快樂而做的事。

_____

_____

_____

列出三項只因為你覺得它是「對的」而去做的事。

_____

_____

_____

你的態度或是心情是如何影響你的動機呢？

_____

_____

_____

_____

_____

_____

是什麼事物讓你想要去努力？在成長型思維中，成長是你的目標，而非獎勵。若你總是想著，你是被迫學習的，那你可能會期待有所回報。集中精神在你現在是如何學習的，對你的未來會有所幫助。

若你至今從未學習過什麼，你的人生會有什麼樣的不同？

為了更美好的將來，還有什麼事是你想要學習的？

沒關係，沒有人是完美的

許多美好的事物都不完美。玫瑰雖然帶著刺，但依舊美麗。

想想一個你十分喜歡的人。列出三項你喜歡他的地方。

_____

_____

_____

列出三個顯示出他不完美的地方。

_____

_____

_____

解釋為什麼你依舊喜歡他。

_____

_____

_____

「若你追求完美，
那你將沒有
滿足的一天。」

——列夫·托爾斯泰，俄國作家

寫下一段關於完美世界的小文章。在這個世界裡，每個人都能做好每件事，沒人需要為了獲得什麼而去努力，並且所有人都喜歡同樣的事物。

_____

_____

_____

_____

你不喜歡這個世界的什麼？

_____

_____

_____

有什麼能夠讓這個世界更美好？

_____

_____

_____

改變你的想法，從追求完美，變成追求過程或是成長。
無論多麼的渺小，找出其中好的和有所成長的地方。
比如說：我從滑板上摔下來了，但至少我會滑的越來越好。

我不像我的朋友跑得一樣快，但至少＿＿＿＿＿＿＿＿＿＿＿

＿＿＿＿＿＿＿＿＿＿＿＿＿＿＿＿＿＿＿＿＿＿＿＿＿＿＿＿

＿＿＿＿＿＿＿＿＿＿＿＿＿＿＿＿＿＿＿＿＿＿＿＿＿＿。

我們的隊伍沒有贏得比賽，但至少＿＿＿＿＿＿＿＿＿＿＿

＿＿＿＿＿＿＿＿＿＿＿＿＿＿＿＿＿＿＿＿＿＿＿＿＿＿＿＿

＿＿＿＿＿＿＿＿＿＿＿＿＿＿＿＿＿＿＿＿＿＿＿＿＿＿。

我沒有＿＿＿＿＿＿＿＿＿＿＿＿＿＿＿＿＿＿＿＿＿＿＿＿

＿＿＿＿＿＿＿＿＿＿＿＿＿＿＿＿＿＿＿＿＿＿＿＿＿＿＿＿

＿＿＿＿＿＿＿＿＿＿＿＿＿＿＿＿＿＿＿＿＿＿＿＿＿＿。

至少＿＿＿＿＿＿＿＿＿＿＿＿＿＿＿＿＿＿＿＿＿＿＿＿＿

＿＿＿＿＿＿＿＿＿＿＿＿＿＿＿＿＿＿＿＿＿＿＿＿＿＿＿＿

＿＿＿＿＿＿＿＿＿＿＿＿＿＿＿＿＿＿＿＿＿＿＿＿＿＿＿＿

＿＿＿＿＿＿＿＿＿＿＿＿＿＿＿＿＿＿＿＿＿＿＿＿＿＿。

當你搞砸事情時，可以用嘲笑自己來代替哭泣。當你訴說你的缺點時，試著加上「但是那沒關係」。

舉個例子：我把我的電話號碼寫反了，但是那沒關係。

我＿＿＿＿＿＿＿＿＿＿＿＿＿＿＿＿＿，但是那沒關係。

我＿＿＿＿＿＿＿＿＿＿＿＿＿＿＿＿＿，但是那沒關係。

我＿＿＿＿＿＿＿＿＿＿＿＿＿＿＿＿＿，但是那沒關係。

我＿＿＿＿＿＿＿＿＿＿＿＿＿＿＿＿＿，但是那沒關係。

你不再對你的錯誤生氣，反而一笑置之時，你有什麼感覺？

＿＿＿＿＿＿＿＿＿＿＿＿＿＿＿＿＿＿＿＿＿＿＿＿

＿＿＿＿＿＿＿＿＿＿＿＿＿＿＿＿＿＿＿＿＿＿＿＿

＿＿＿＿＿＿＿＿＿＿＿＿＿＿＿＿＿＿＿＿＿＿＿＿

＿＿＿＿＿＿＿＿＿＿＿＿＿＿＿＿＿＿＿＿＿＿＿＿

＿＿＿＿＿＿＿＿＿＿＿＿＿＿＿＿＿＿＿＿＿＿＿＿

＿＿＿＿＿＿＿＿＿＿＿＿＿＿＿＿＿＿＿＿＿＿＿＿

＿＿＿＿＿＿＿＿＿＿＿＿＿＿＿＿＿＿＿＿＿＿＿＿

自我尊重讓你更強壯

　　自我尊重的意思是確切的喜愛自己現在的樣貌。為你的所做所為而驕傲，而不是自傲於你的長相或是你獲得的獎項。

　　列出三項你曾經做過最讓你感到驕傲的事。

_____

_____

_____

　　有哪些話可以用來讚美別人的行為，而非長相？

_____

_____

_____

　　你曾經因為你的作為而得到哪些稱讚呢？

_____

_____

_____

_____

彩虹擁有許多顏色的，就像你擁有許多特性，使得你變得獨一無二。請在彩虹的每個顏色上寫下一些自己優秀的特質。

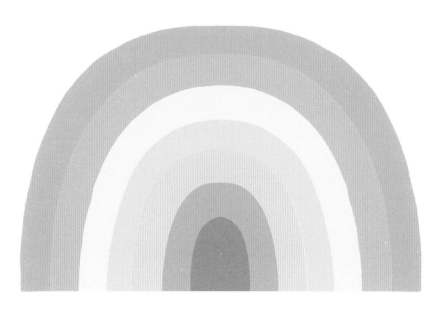

這個特性使我獨一無二：_____

大家說我擅長：_____

我最擅長的事：_____

尊重自己表示你設定一套你想要如何被別人對待的規則。比如說：「別取笑我。」同時，你也要透過遵守別人的規則來尊重他們。

　　但請記住，有些規則是不公平的，也不應該被遵守（例如：「一切以我為優先」）。

　　列出五條你希望別人如何對待你的規則。

_____

_____

_____

_____

_____

　　寫下一個被人打破你的規則的時刻。

_____

_____

_____

　　畫下發生這件事時你的感受。

如果你的朋友一直不遵守你的規則，告訴他們你的感受。如果他們還是不改進，那就去認識新的朋友。

在以下的空格中填入你可以對破壞規則的朋友說的話。

當你對我說話不客氣的時候，我感到＿＿＿＿＿＿＿＿＿＿

＿＿＿＿＿＿＿＿＿＿＿＿＿＿＿＿＿＿＿＿＿＿＿＿＿＿＿＿

＿＿＿＿＿＿＿＿＿＿＿＿＿＿＿＿＿＿＿＿＿＿＿＿＿＿＿＿

＿＿＿＿＿＿＿＿＿＿＿＿＿＿＿＿＿＿＿＿＿＿＿＿＿＿＿＿

＿＿＿＿＿＿＿＿＿＿＿＿＿＿＿＿＿＿＿＿＿＿＿＿＿＿　。

當你對我說謊時，我感到＿＿＿＿＿＿＿＿＿＿＿＿＿＿＿＿

＿＿＿＿＿＿＿＿＿＿＿＿＿＿＿＿＿＿＿＿＿＿＿＿＿＿＿＿

＿＿＿＿＿＿＿＿＿＿＿＿＿＿＿＿＿＿＿＿＿＿＿＿＿＿＿＿

＿＿＿＿＿＿＿＿＿＿＿＿＿＿＿＿＿＿＿＿＿＿＿＿＿＿　。

當你＿＿＿＿＿＿＿＿＿＿＿＿＿＿＿＿＿＿＿＿，我感到

＿＿＿＿＿＿＿＿＿＿＿＿＿＿＿＿＿＿＿＿＿＿＿＿＿＿＿＿

＿＿＿＿＿＿＿＿＿＿＿＿＿＿＿＿＿＿＿＿＿＿＿＿＿＿＿＿

＿＿＿＿＿＿＿＿＿＿＿＿＿＿＿＿＿＿＿＿＿＿＿＿＿＿＿＿

＿＿＿＿＿＿＿＿＿＿＿＿＿＿＿＿＿＿＿＿＿＿＿＿＿＿　。

找到你的快樂

什麼事情讓你感到興奮呢？

當你在做一件自己非常喜愛的事，描述看看你的身體有什麼樣的感受。

什麼事情是你可以一年365天，每天都做，卻不感到疲憊的事情呢？

「人生中最重要的
兩個日子：
一是你出生的那天，
另一個是你明白
自己為什麼出生的
那一天。」

——馬克·吐溫，美國作家

害怕未知的恐懼可能會阻止你嘗試可能會讓你開心的事。但當你嘗試越多新事物時，你就越不容易卻步。列出假設你不會失敗的話，你會想要嘗試的事物。

一種運動：＿＿＿＿＿＿＿＿＿＿＿＿＿＿＿＿＿＿＿＿＿

＿＿＿＿＿＿＿＿＿＿＿＿＿＿＿＿＿＿＿＿＿＿＿＿＿＿＿

一個社團或是團體：＿＿＿＿＿＿＿＿＿＿＿＿＿＿＿＿＿＿

＿＿＿＿＿＿＿＿＿＿＿＿＿＿＿＿＿＿＿＿＿＿＿＿＿＿＿

一種樂器：＿＿＿＿＿＿＿＿＿＿＿＿＿＿＿＿＿＿＿＿＿＿

＿＿＿＿＿＿＿＿＿＿＿＿＿＿＿＿＿＿＿＿＿＿＿＿＿＿＿

想像你成功駕馭了其中一種事物，畫出你開心嘗試的樣子。

有些你還未嘗試的事情，可能帶給你此生無與倫比的快樂。

看看這顆「嘗試樹」，把你還想要嘗試的事物寫在葉子上。

可以跟我一起嘗試新事物的人：

_____

_____

_____

設定一個期限，選出一個你不敢去嘗試的活動，並設立一個你想嘗試它的時間範圍。

我想要嘗試_____，

當_____的時候。

能夠幫助我的人：_____

_____

_____。

我想要嘗試_____，

當_____的時候。

能夠幫助我的人：_____

_____

_____。

我想要嘗試_____，

當_____的時候。

能夠幫助我的人：_____

_____

_____。

展現你的成長

　　現在，來看看你的成長和改變。你有能力設定目標，並在你的人生中做出真正的改變。你可以改掉不健康的習慣，並開啟嶄新且健康的習慣。

　　列出三個你想要開始的習慣。

　　畫一張你在做這些事時的樣子。

　　若你更常做這些事情，你的生活會有什麼樣的改變呢？

「不管你有多屬害，
你永遠還有
進步的空間，
而這也是最
令人興奮的事。」

——老虎·伍茲·職業高爾夫球手

有時舊的習慣會阻礙你的成長。列出四個無法幫助你成為好學生的習慣（比如：咬鉛筆）。

_____

_____

_____

_____

　　訓練你的腦袋和身體去改變一個習慣，大概需要一個月左右的時間，所以如果無法立即見效也不用太過沮喪。

　　有哪些健康的習慣能夠代替壞習慣呢？例如，你可以說：「我想咬鉛筆的時候，我可以嚼口香糖」。

　　我想_____的時候，

我可以_____。

　　我想_____的時候，

我可以_____。

　　我想_____的時候，

我可以_____。

說出一個你想要進步的學校科目。想想看你要怎麼做，才能更熟捻這個科目。

　　列出幾個可以幫助你學到更多和更進步的步驟。

　　若其中一個步驟包含了讀書時間，你都什麼時候讀書呢？

　　你現在的成績：

　　在做出改變之後，你希望可以拿到幾分呢？

列出一些你已經很擅長的事物。你還需要持續加強嗎？如果你擁有成長型思維，那你的答案會是需要，因為每件事情永遠都有成長的空間。

立下一些成長目標。

我擅長 _____ 。

我會多做一點 _____ ，
讓我能夠更進步。

我擅長 _____ 。

我會多做一點 _____ ，
讓我能夠更進步。

我擅長 _____ 。

我會多做一點 _____ ，
讓我能夠更進步。

與眾不同使你更加耀眼

每個人都有骨頭和皮膚，每個人也都會呼吸並且擁有情緒。

列出其他三件適用於每個人身上的事物。

列出三項每個人都做的事。

寫出一些讓你有別於大部分人的事物。

「我們所有人
都以快樂為目標：
我們的生活是
如此不同，但目標卻
如此一致。」

——安妮‧法蘭克，猶太裔日記作者

為你的與眾不同開心，尤其是你與你的朋友之間的不同。

什麼事情是你喜歡，而你的朋友不喜歡的呢？

什麼才能是你擁有，而你的朋友沒有的呢？

你去過哪些你朋友沒去過的地方呢？

什麼東西是你的朋友喜歡，而你不喜歡的呢？

有什麼才能是你的朋友擁有，而你卻沒有的呢？

你的朋友去過哪些你沒去過的地方呢？

這些事如何讓你們的友誼變得更有趣、更令人開心呢？

你可以從不同的人身上學到許多事物。若你只跟與你相似的人打交道，那你就無法成長太多。挑戰自己，完成一些與他人相關的任務。

列出三個跟你非常不同，但還未成為朋友的人。

_____

_____

_____

跟他們說說話，並了解三個有關他們的事。

_____

_____

_____

列出三項你與他們的共同點。

_____

_____

_____

沒有人擅長所有的事。或許你很擅長某些事，但你在其他的事情上卻不是那麼厲害。假裝你正在進行一項祕密任務，並且需要一些擅長某事的人來幫助你。列出你會雇用，並且擅長以下事情的人：

閱讀＿＿＿＿＿＿＿＿＿＿＿＿＿＿＿＿＿＿＿＿＿＿＿＿

數學＿＿＿＿＿＿＿＿＿＿＿＿＿＿＿＿＿＿＿＿＿＿＿＿

跑步＿＿＿＿＿＿＿＿＿＿＿＿＿＿＿＿＿＿＿＿＿＿＿＿

唱歌＿＿＿＿＿＿＿＿＿＿＿＿＿＿＿＿＿＿＿＿＿＿＿＿

烹飪＿＿＿＿＿＿＿＿＿＿＿＿＿＿＿＿＿＿＿＿＿＿＿＿

畫畫＿＿＿＿＿＿＿＿＿＿＿＿＿＿＿＿＿＿＿＿＿＿＿＿

寫作＿＿＿＿＿＿＿＿＿＿＿＿＿＿＿＿＿＿＿＿＿＿＿＿

與他人溝通

你在與他人交談時，心態十分重要，尤其是在雙方意見不合的時候。擁有定型心態的人會陷入受傷的感覺之中，並且封閉自我。擁有成長型思維的人則能夠學到教訓，並且從中成長。

當有人不認同你的意見時，你會有什麼感受？

_____

_____

畫出你的表情。

你臉上的表情會如何影響別人對你的反應呢？

_____

_____

有時候你必須做出妥協，或是放棄一些你想要的事物，讓每個人都能夠從中得到一些利益。或許你必須要分享或是輪流做某件事。

　　在以下的情況中，你可以如何妥協？

　　你跟你的朋友想看不同的電影。

_____

_____

_____

_____

　　弟弟因為想坐你的位子而在哭鬧。

_____

_____

_____

_____

　　你跟你的朋友都想要吃最後一塊餅乾。

_____

_____

_____

_____

用「我感到」的句型有助於減輕對他人的指責，並且能夠使論點保持正向。例如：不要說「你對我大吼並且讓我生氣」，而說「當你對我大吼的時候，我感到生氣」。

　　當你＿＿＿＿＿＿＿＿＿＿＿＿＿＿＿＿＿＿＿＿的時候，

我感到＿＿＿＿＿＿＿＿＿＿＿＿＿＿＿＿＿＿＿＿＿＿。

　　當你＿＿＿＿＿＿＿＿＿＿＿＿＿＿＿＿＿＿＿＿的時候，

我感到＿＿＿＿＿＿＿＿＿＿＿＿＿＿＿＿＿＿＿＿＿＿。

　　當你＿＿＿＿＿＿＿＿＿＿＿＿＿＿＿＿＿＿＿＿的時候，

我感到＿＿＿＿＿＿＿＿＿＿＿＿＿＿＿＿＿＿＿＿＿＿。

　　當你＿＿＿＿＿＿＿＿＿＿＿＿＿＿＿＿＿＿＿＿的時候，

我感到＿＿＿＿＿＿＿＿＿＿＿＿＿＿＿＿＿＿＿＿＿＿。

　　當你＿＿＿＿＿＿＿＿＿＿＿＿＿＿＿＿＿＿＿＿的時候，

我感到＿＿＿＿＿＿＿＿＿＿＿＿＿＿＿＿＿＿＿＿＿＿。

　　當你＿＿＿＿＿＿＿＿＿＿＿＿＿＿＿＿＿＿＿＿的時候，

我感到＿＿＿＿＿＿＿＿＿＿＿＿＿＿＿＿＿＿＿＿＿＿。

傾聽是溝通中很重要的一部分。

當別人不聽你說話的時候，你有什麼感覺？

_____

_____

_____

_____

你如何知道他們沒有在聽你說話？

_____

_____

_____

_____

當有人在說話時，仔細聽其中的細節，並且再提問。你還可以做什麼事，讓你更仔細聽別人說話呢？

_____

_____

_____

_____

在團隊中共同成長

團隊能夠教你如何與別人相處。擁有成長型思維能夠幫助你專注在對團隊最有利的事情上，而非別人如何看待你。

想想你曾經參與過的團體活動——做功課、做運動或是在其他的社團裡。

寫下擔任團體中的其中一員的感覺。

_____

_____

_____

_____

現在參加團體活動，對你為未來的職業準備有什麼幫助？

_____

_____

_____

_____

「我總是想著，
團隊優先。
這讓我與我的團隊
一起成功。」

——雷霸龍‧詹姆士，職業籃球員

完成以下的句子，展現出你如何在比賽中以團隊優先。

例如：不要想著「我想要得到最高分」，而是「我想要我的團隊表現優異」。

不要想著「我想要成為團隊裡最好的舞者」，而是「我想要

_____。」

不要想著「我想要觀眾在棒球賽中為我加油」，而是「我想要_____。」

不要想著「我想要成為整齣戲劇中最優秀的演員」，而是「我想要_____。」

不要想著「我想要成為團隊裡最重要的角色」，而是「我想要_____。」

當團隊中的每個人都有不同的能力時，團隊會變得更強大。每個人都能帶給團隊不一樣的幫助。

　　如果團隊中的每個人都只想做一樣的工作，會發生什麼事？

　　你有哪些能力可以幫助這個團隊？

幫助團隊也包含了鼓勵隊友與保持正向。

寫下你可以說的正向話語，當：

有人必須做額外的工作。 _____

_____

_____

_____

你的隊長感到挫敗。 _____

_____

_____

_____

有個隊員有個很好的點子時。 _____

_____

_____

_____

創造自己的光輝時刻

你有能力可以創造自己的快樂，即使是事情不順遂的時候。

寫下你經歷過的很糟糕的一天。

這一天當中，有什麼好的事情發生嗎？

只專注於好的事情，如何幫助你擁有好一點的一天？

「幸福取決於
一個人的內心，
而非世界上的
外在因素。」

——喬治・華盛頓，美國第一任總統

如果你擁有正確的心態，每天都可以是美好的一天。寫下任何一天中的四件美好事物（像是遇見小動物或者陽光）。

_____

_____

_____

_____

　　你也可以做做關於美好事物的白日夢，以照亮沉悶的一天。你的想像力可以幫助你從沉悶的一天中脫逃。
　　描述你的「快樂天堂」，或是一個能在腦中享受時光的完美地點。

_____

_____

_____

_____

　　如果你可以選擇任何一個人（甚至是名人或是書中的角色）與你一起度過白日夢時光，你會選擇誰呢？

_____

_____

你永遠可以在糟糕的情況下找到些正向的事物。當你很難找到正向的事物時，你可以看看最基本的條件，像是能夠呼吸空氣、能夠有衣服穿和有食物可以吃。

這裡有一些例子：我不喜歡我的鉛筆斷掉，但我的朋友很好心並給了我一支筆。

現在試試看吧！

我不喜歡_____，

但是_____。

我不喜歡_____，

但是_____。

我不喜歡_____，

但是_____。

我不喜歡_____，

但是_____。

我不喜歡_____，

但是_____。

我不喜歡_____，

但是_____。

不要因為別人的負面情緒而壞了自己的心情。試著在任何情況下找些正向的事物，你才不會被拉進負面情緒中。

例如：因為下雨，今天肯定不會是個好日子。
你可以微笑並說：「我喜歡下雨，因為能夠讓花兒成長。」

現在換你試試看！

我討厭朋友來過夜之前要打掃我的房間。

你微笑並且說：「_____

_____。」

炎熱的天氣會讓我汗流浹背並狼狽不堪。

你微笑並且說：「_____

_____。」

我吃太多糖果了，我現在感覺不太舒服。

你微笑並且說：「_____

_____。」

正念讓你掌控一切

　　你擁有掌控自己情緒的力量。定型心態會讓你覺得自己是個受害者，並且幾乎無法控制自己的情緒；成長型思維能幫助你找到冷靜下來的方法。正念能幫助你發展成長型思維，讓它變成現在進行式吧！

　　當你覺得無法控制自己情緒的時候，完成這個靜心的方法。

現在，

我看到 _____

和 _____。

我聽到 _____

和 _____。

我感受到 _____

和 _____。

我嚐到 _____

和 _____。

我聞到 _____

和 _____。

過度著迷或是陷入對於過去或未來的思慮是會讓人分心的。
你可以放下某些事物，好專注於當下這個片刻。

對於過去的一些擔憂，這些是我可以放下的：

_____

_____

_____

對於未來的一些擔憂，這些是我可以放下的：

_____

_____

_____

現在這個當下我可以做的事，能幫助我忘記擔憂：

_____

_____

_____

感到難過的時刻，也是生命中的一部分，生命總是起起伏伏。冷靜下來並做足準備，能夠幫助你更容易處理這些難關。寫下過去你曾經覺得很嚴重，但現在看來卻不是太糟的事情。

如果你可以回到過去，你會給你自己什麼建議？

現在你知道，未來可能還是會有遇到難題，寫一封信給未來的自己，告訴他你已經準備好面對這些了。

你可以讓所有參加的活動變得正向有趣。想想你喜歡的事物，注意你周遭的小細節，並且忽略與這個活動無關的事物。

我在參加這個活動時，我看到了周遭有什麼？

_____

_____

我在參加這個活動時，我的周遭有什麼聲音？

_____

_____

我在參加這個活動時，我聞到了什麼？

_____

_____

我在參加這個活動時，我嚐到了什麼？

_____

_____

我在參加這個活動時，我有什麼感覺？

_____

_____

正向樂觀的人能夠
幫助你成長

在你身旁的人可以讓你陷入困境，也可以幫助你成長，所以要謹慎選擇你相處的對象。

如果你可以選擇讓世界上任何正向樂觀的人來到你身邊，他們可能會是誰呢？

_____

_____

_____

你喜歡他們什麼地方？

_____

_____

_____

你能夠跟他們分享什麼樣的特質？

_____

_____

_____

「如果你和雞
一起玩，
你就會學雞叫；
然而你如果和老鷹
在一起，
你就會飛。」

——史特夫・馬拉博利・勵志演說家

當你感到失落時，有個正向的人在身邊可以幫助你繼續前進，你可以「借助」他們的能量。寫下一個有人鼓勵你，幫助你繼續前進的時刻。

如果這個人擁有的是負能量，那會有什麼不同呢？

寫下當其他人需要時，你會如何正向的幫助別人？

專注於正面的對話，並且忽略負面的部分。看看以下在負面對話框中的句子，並找出它們正向的一面，再將正向的話語寫在空白的對話框中。

正向的朋友會鼓勵你去追尋你的夢想，他們不會嘲笑你的夢想。你有什麼夢想想要分享給你人生中正向積極的人呢？

_____

_____

_____

_____

如果你身邊沒有正向積極的人，你可以對自己說什麼，讓自己繼續追尋你的夢想呢？

_____

_____

_____

_____

你可以對取笑你的夢想的人說什麼呢？

_____

_____

_____

_____

改變從自身開始

　　為了持續成長與學習，你必須誠實的面對自己。仔細看看你最近的成就，並在下方的鏡子裡列出三項最花你的時間、專注力以和精力的事。

還有什麼其他事，你也希望能列在清單裡？

_____

_____

_____

_____

_____

_____

什麼事情讓你花費太多的時間、精力以及專注力（像是使用電子科技產品或是擔憂）？

_____

_____

_____

_____

_____

_____

為你今年在學校的學習成果打分數。

A: 我總是盡力而為。

B: 我通常會盡力而為。

C: 我有時候盡力而為。

D: 我沒有很常盡力而為。

E: 我不怎麼努力讀書。

你的老師會如何評量你的學習成果呢？

以下是我的改進計畫：

為你今年是否善良的對待他人打分數。

A: 我總是善良的對待他人。

B: 我通常都善良的對待他人。

C: 我有時候善良的對待他人。

D: 我不常想到要善良待人。

E: 我從沒想過要善良待人。

你的老師或是家人會如何評斷你的善良？

_____

_____

以下是我的改進計畫：

_____

_____

_____

為你今年在環境整潔上付出的精力打分數。

A: 我總是盡力達到有條有理。

B: 我通常都很整潔。

C: 我有時候會打理環境。

D: 我不常想到要打理環境。

E: 我從沒想過要打理環境。

你的老師或是家人會如何評斷你的環境整潔？

以下是我的改進計畫：

成為一個解決問題的忍者

解決問題從擁有正向心態開始，你能選擇要相信你有能力解決問題。

這是我的問題（或是最近的問題）：

_____

_____

_____

_____

這是我對於自己問題解決能力的感覺：（圈選出在時間軸上，能夠展現出你的感受的詞語。）

|_____|_____|_____|
很有自信　　　充滿希望　　　　沒有把握　　　沒有希望

你的態度會如何影響你花多少心力在解決問題？

_____

_____

_____

_____

「麻煩只是穿著
工作服的機會。」

——亨利・約翰・凱薩，美國實業家

問題就是學習的機會。

與其說「**我的問題是**我很孤單，因為我的朋友都搬走了」，你可以說「**我擁有了機會，學習**如何認識其他人。」

列出一些你的「問題」。

我的問題是＿＿＿＿＿＿＿＿＿＿＿＿＿＿＿＿＿＿＿。

我擁有機會去學習＿＿＿＿＿＿＿＿＿＿＿＿＿＿＿

＿＿＿＿＿＿＿＿＿＿＿＿＿＿＿＿＿＿＿＿＿＿＿。

我的問題是＿＿＿＿＿＿＿＿＿＿＿＿＿＿＿＿＿＿＿。

我擁有機會去學習＿＿＿＿＿＿＿＿＿＿＿＿＿＿＿

＿＿＿＿＿＿＿＿＿＿＿＿＿＿＿＿＿＿＿＿＿＿＿。

我的問題是＿＿＿＿＿＿＿＿＿＿＿＿＿＿＿＿＿＿＿。

我擁有機會去學習＿＿＿＿＿＿＿＿＿＿＿＿＿＿＿

＿＿＿＿＿＿＿＿＿＿＿＿＿＿＿＿＿＿＿＿＿＿＿。

將問題改寫成機會，這樣會讓你更有自信去解決問題嗎？

＿＿＿＿＿＿＿＿＿＿＿＿＿＿＿＿＿＿＿＿＿＿＿＿＿

＿＿＿＿＿＿＿＿＿＿＿＿＿＿＿＿＿＿＿＿＿＿＿＿＿

＿＿＿＿＿＿＿＿＿＿＿＿＿＿＿＿＿＿＿＿＿＿＿＿＿

提問和研究能夠讓你找到解決方法。

列出你的問題之一。

_____

在哪裡可以找到更多相關的資訊呢？

_____

_____

_____

有誰也可能曾經有過相同的問題？

_____

_____

_____

你可以問他們哪些問題呢？

_____

_____

_____

_____

寫下與前頁相同或是新的問題，思考有哪些方法可以解決你的問題。寫下在你腦中浮現的任何想法，不用去評斷這些想法的好壞。

　　我的問題：

_____

　　我的想法：

❏ _____

❏ _____

❏ _____

❏ _____

❏ _____

❏ _____

　　在你認為最可行的解決方法前打勾。

　　在列舉的選項中找出最好的點子，並寫出三個使用此方法解決問題的步驟。

_____

_____

_____

以設定聰明目標來選擇道路

　　不管是在你的日常生活中或是你的人生中，你都需要設立目標以獲得成功。想想看，如果你的一天沒有任何的計畫，那會是什麼樣的一天？

　　如果你對於你的人生沒有任何的計畫或目標，那將會發生什麼事？

　　如果你為你的人生製作計畫，並一步步讓你的夢想成真，那會發生什麼呢？

　　你設定目標時，先確定它們是聰明（SMART）的目標。

S: 明確的（Specific）

M: 可測量的（Measurable）

A: 可達成的（Attainable）

R: 相關的（Relevant）

T: 有時效的（Timely）

「目標不該
太過簡單，並且
能夠強迫你去實踐，
甚至當下可能會讓你
感到不太愉悅。」

——麥可・費爾普斯，奧運游泳冠軍

選出較為**明確**或是清楚的目標。

☐ 我想要進步。
☐ 我想要獲得比現在更好的成績。

選出能夠被**測量**的目標。

☐ 我想要好成績。
☐ 我想要每科都100分。

為你自己設立一個明確又能夠被測量的目標。

_____

_____

_____

_____

_____

_____

_____

選出**能夠達成**的目標——而且不會太過簡單或太困難。

☐　我想要統治世界。

☐　我想要成為一個成功的律師。

選出**有相關性**的目標——較為有意義的（而非只是愚蠢的）目標。

☐　我想要幫助生病的人。

☐　我想要吃很多糖果。

為自己設立一個能夠達成並且有意義的目標。

_____

_____

_____

_____

_____

_____

_____

_____

選出一個**有時效**的目標——有時間限制，所以你知道何時該完成它。

☐ 有一天我一定能夠獲得好成績。
☐ 一月的時候我會嘗試加入一個運動社團。

為自己設立一個有時效的目標。

_____

_____

_____

_____

設立一個明確、能夠被測量、能夠達成、有相關並有時效的目標。

_____

_____

_____

_____

_____

未完待續

　　現在，你完成了這本自我對話練習，可以保留這本書以提醒自己這趟旅程。幾個月後，回去翻翻並且重新為某些頁數作答，看看你是否有一樣或是不一樣的答案。保持這份動力，並且在每個學年的開始和結束時，重新確認你的答案。

　　成長型思維需要許多的練習，你必須不斷的努力。但有件事是確定的：你將持續成長還有改變。人生中的所有事物並非都是完美的，但你能從每個經驗中學到新事物。

　　當你需要有人提醒你自己擁有的力量和優點時，歡迎回來翻閱這本書。因為人生總是潮起潮落，我希望你能夠持續相信自己，並運用你的能力去改變你看待事物的角度。持續從你自身中創造幸福，並成為一個有正向力量去影響他人的人。

在結束練習之前，回答最後的這些問題。

你最喜歡哪三種練習成長型思維的方式？

_____

_____

_____

在這個過程中，你學到最多關於自己的什麼事？

_____

_____

_____

_____

_____

記得，你已經擁有了讓你學習、成長和成功的所有要素！

參考資源

　　如果你還想要知道更多關於成長型思維的資訊,可以參考這些書籍及網站。這些書籍不僅教導我們許多寶貴的人生經驗,也透過不同的故事告訴我們成長型思維的益處。在網站上則提供更多可列印的教材及課程供家長在家使用。

參考書目

《長頸鹿不會跳舞》(*Giraffed Cant' Dance*,2001,暫譯)
賈爾斯·安德烈亞　倫敦:Orchard books出版。

這個鼓舞人心的故事向孩子展示,他們不受限於現在的能力,並且擁有潛力去實現自己的夢想。

《泡泡糖腦袋》(*Bubble Gum Brain*,2017,暫譯)
茱莉亞·庫克　查塔努加,田納西州:National Center of Youth Issues出版。

此書鼓勵孩子學習成長型思維,並且享受從錯誤中學習這趟旅程。

《賈巴里跳水》（*Jabari Jumps*,2017，暫譯）

蓋亞・康沃爾　薩默維爾，麻薩諸塞州：Candlewick出版。

這本勵志的書展現了克服恐懼及嘗試新事物的力量。

《神奇又靈活的腦袋：延展與定型》（*Your Fantastic Elastic Brain: Statch It, Slape It.*,2010，暫譯）

喬安・迪克　內珀維爾，伊利諾伊州：Little Pickle press。

這本書帶你了解腦袋如何運作以及成長型思維如何領導你的一生。

《從未犯錯的女孩》（*The Girl Who Never Made Mastakes*,2011，暫譯）

馬克・彼得及格里・魯賓斯坦　內珀維爾，伊利諾伊州：Sourcebooks出版。

這是一本有趣並具有啟發性的書，教導孩子如何坦然地面對錯誤，以及放棄追求阻擋孩子發揮創造力的完美主義。

《點》（*The Dot*,2003，暫譯）

彼得・H・雷諾茲　薩默維爾，麻薩諸塞州：Candlewick出版。

此書鼓勵孩子尋找自身的勇氣，並當某件事物阻止他們前進時，能夠勇敢踏出第一步。

《漂亮的唉呀》（*Beautiful Oops!*,2010，暫譯）

巴尼・索茲伯　紐約，紐約州：Workman publishing出版。

這是一本漂亮的互動式圖書，讚揚將錯誤化為創意奇蹟這個美麗的過程。

參考網站

Mindsetkit.org

此網站上提供許多教導孩子成長型思維的免費線上教材。

Mindsetwork.com

致力於透過課程及簡單易懂的訣竅，將成長型思維融入到校園及家庭裡。

MindUP.org

為教育者提供以社會情感研究為基礎的課程，並給予家長一些能夠在家裡實施活動的訣竅。

Thenedshow.com/mindset-lesseon-plans

擁有令人讚嘆的線上圖書館，提供家長及教育者免費列印的教材。這些教材以教導成長型思維為導向，提供各式各樣的活動。

參考資料

阿米特・瑞伊（Amit Ray）

https://amitray.com/mindfulness-growth-mindset-neuroscience

一點積極態度（Bits of Positivity）

https://bitsofpositivity.com/best-growth-mindset-quotes-for-kids-and-adults

每日正力量部落格（Everyday Power Blog）

https://everydaypowerblog.com/self-reflection-quotes

檢驗存在價值（Examined Existence）

https://examinedexistence.com/how-long-does-it-take-for-something-to-become-a-habit

腦袋的可塑性（Brain Plasticity）

http://faculty.washington.edu/chudler/plast.html

致謝

在此我要感謝蘇珊、凱蒂和卡里斯托媒體團隊讓我擔任此書的作者，並且書寫一個我特別充滿熱忱的主題。這是趟精彩的旅程，我十分感謝所有指導及支持。

感謝我的先生，山姆，總是相信我，並且當我忙於寫作時負責所有的家務。特別感謝我的女兒，艾瑪，閱讀了我的創作，並幫忙確認內容是否適合孩童。感謝我兩位特別聰明伶俐的男孩，丹佛和尼克，他們在我為這本書汲取靈感時，給予了我許多寶貴的回饋。

感謝我在天上的父母，南西及和班尼，無條件地愛我並教會了我相信自己。

作者介紹

布蘭迪・湯普森（Brandy Thompson）
是位住在田納西州日耳曼敦的教材作者、
TheCounseltingTeacher.com的作者及創辦
人。在這個網站上，她為學校輔導員展現，
如何透過遊戲、手工藝以及互動式課程打開
學生的心門。她具有美國曼菲斯大學心理學
學士學位、美國田納西州亨德森鎮弗里德・哈德曼大學教
學碩士學位與田納西州田納西大學馬汀校區校園諮商教育
碩士學位。她的教育生涯從從2007年二、四、八年級的學
生開始。在她發現了自己對於孩童社會情緒需求的熱忱之
後，在2014年轉職擔任學生輔導員。2016年，該校的學生
輔導計畫榮獲美國諮商協會的ASCA模範計畫認證
（RAMP）。

童心園 童心園系列 209

中小學生正向成長型思維129道自我對話練習
Learn, Grow, Succeed!: A Kids Growth Mindset Journal

作 者	布蘭迪‧湯普森（Brandy Thompson）
繪 者	艾麗莎‧娜絲納（Alyssa Nassner）
譯 者	蕭郁祺
總 編 輯	何玉美
責 任 編 輯	鄒人郁
封 面 設 計	劉昱均
內 文 排 版	尚騰印刷事業有限公司

出 版 發 行　采實文化事業股份有限公司
行 銷 企 劃　陳佩宜‧黃于庭‧蔡雨庭‧陳豫萱‧黃安汝
業 務 發 行　張世明‧林踏欣‧林坤蓉‧王貞玉‧張惠屏‧吳冠瑩
國 際 版 權　王俐雯‧林冠妤
印 務 採 購　曾玉霞
會 計 行 政　王雅蕙‧李韶婉‧簡佩鈺
法 律 顧 問　第一國際法律事務所　余淑杏律師
電 子 信 箱　acme@acmebook.com.tw

采 實 官 網　www.acmebook.com.tw
采 實 臉 書　www.facebook.com/acmebook01
采實童書粉絲團　https://www.facebook.com/acmestory/
商 品 號　471-040-500-447-8
定 價　320 元
初 版 一 刷　2022 年 1 月
劃 撥 帳 號　50148859
劃 撥 戶 名　采實文化事業股份有限公司
　　　　　　104台北市中山區南京東路二段95號9樓
　　　　　　電話：(02)2511-9798
　　　　　　傳真：(02)2571-3298